CAISSE FRATERNELLE

DE PENSIONS.

IMPRIMERIE LANGE LÉVY ET COMPAGNIE
rue du Croissant, 16.

CAISSE FRATERNELLE

DE PENSIONS

DEVANT DONNER A CHAQUE TRAVAILLEUR

DE 400 A 800 FRANCS DE RENTE ET PLUS,

A CHAQUE FEMME

DE 150 A 250 FRANCS DE RENTE

PAR GASNIER.

Le travailleur ne peut prévoir l'avenir : les besoins du présent suffisent bien à ses efforts. S'il lui reste quelques épargnes d'une vie laborieuse, il faut qu'il puisse les dépenser sans crainte en plaisirs ; car, comme dit Béranger : *Dieu n'a pas en vain créé les femmes et le vin.* C'est donc au législateur à prévoir pour lui. Celui qui a consacré son existence au travail a droit d'attendre le repos et le bien-être quand ses forces trahissent sa volonté :

PARIS
MICHEL LÉVY, LIBRAIRE-ÉDITEUR,
rue Vivienne, 1.
1848

AVANT-PROPOS.

Il y a quelques années, j'ai établi, dans une grande fabrique dont j'étais le gérant, une caisse de secours mutuels pour payer les médecins, les médicamens et les journées des malades. Les ouvriers, au nombre de trois cent cinquante, laissaient un pour cent par mois sur leur paie; nous ajoutions un pour cent, ce qui formait environ 200 fr. par mois pour la caisse de secours. Je voulais étendre cette caisse pour faire des pensions de retraite; mais je n'ai pu avoir l'unanimité des volontés.

Le 2 mars dernier, quand le gouvernement provisoire a ôté une heure sur la journée des travailleurs, M. Thierry, ancien serrurier-mécanicien, qui mieux que personne connaît les goûts et les besoins des ouvriers avec lesquels il a passé sa vie, m'a dit qu'en 1830, alors qu'on faisait le même retranchement, il avait vainement proposé de laisser les ouvriers faire cette heure de travail, mais de la mettre en réserve pour former une caisse de pensions. Si alors cette grande idée eût été admise, les ouvriers aujourd'hui auraient déjà leur avenir assuré.

Cette pensée d'un homme de bien, que, sans la connaître, j'avais déjà mise en pratique d'une manière incomplète, je vais la développer, et j'espère qu'après avoir lu l'exposé et le projet suivans, on reconnaîtra toute la portée d'une pareille institution pour l'avenir des travailleurs et la sécurité générale.

CAISSE FRATERNELLE

DE PENSIONS

DEVANT DONNER A CHAQUE TRAVAILLEUR

De 400 à 800 francs de rente et plus,

A CHAQUE FEMME

De 150 à 250 francs de rente.

EXPOSITION (1).

De grands événemens se sont accomplis : *la Liberté*, *l'Égalité*, *la Fraternité* ont été proclamées à la face du monde.

C'est une grande devise! elle élève les senti-mens, elle exalte l'esprit, elle agrandit le cœur; mais il faut qu'elle porte ses fruits, et les masses ne la voudront comprendre que quand elle améliorera réellement leur sort; mais c'est là que les difficultés commencent et que les mots cessent d'avoir leur prestige.

---

(1) Les Statuts sont page 27.

Le peuple a toujours autant de liberté qu'il en veut, le suffrage universel peut satisfaire un jour, tous les trois ans, son orgueil national; mais si on lui persuade que tous les hommes sont égaux devant la loi, il cesse de croire qu'ils sont frères quand le travail manque à sa vie, et que plus tard la vie lui est à charge, alors que ses forces diminuent.

Un immense besoin d'amélioration a donc saisi les esprits, une inquiétude vague a fait bruire les masses; des doctrines fausses, des maximes dangereuses ont été jetées à profusion sur le peuple :

> « Le peuple ! onde sans cesse émue,
> « Où l'on ne jette rien sans que tout ne remue. »

Trompé par des utopistes, il prend au sérieux toutes les promesses, il s'attache aux améliorations promises, et il veut arriver d'un seul bond au bien-être et à la fortune. Des ambitieux, dont la popularité est le marche-pied, entretiennent toutes ces agitations, toutes ces erreurs, et avant peu, si des idées justes, quoique moins attrayantes, n'ont pas éclairé le peuple et fait prévaloir la raison; le découragement, succédant aux espérances trompées, nous mènera à l'anarchie, et nous replongera pour un demi-siècle dans les ténèbres et la misère.

Ainsi le temps presse, le danger est imminent,
il faut que chacun donne ses idées, s'efforce à
conjurer ces malheurs et à faire prévaloir le bon
sens du peuple qui a déjà commencé à reconnaître
que, sous tant de paroles dorées, il n'y avait que
erreurs, mensonges et déceptions.

Marchons donc au but, et disons d'abord que
le projet que nous allons développer est, non pas
d'organiser le travail, chose impossible, mais d'assurer d'une manière positive, sans à peu près,
sans aucun doute, de 4 à 800 fr. de rente à chaque ouvrier, après vingt-cinq à trente années de
travail.

Avant de développer nos idées, avant de faire
passer notre conviction intime dans toutes les
classes, examinons en peu de mots les doctrines
erronnées, les fausses maximes qu'on a débattues
depuis plus de deux mois avec tant de bruit, tant
de morgue, tant d'orgueil.

Une phrase bien courte a suffi pour agiter toute
la société, depuis le fond jusqu'à la surface :

Organisation du travail!

Grand mot qui séduit, qui impose. Dieu a or-
ganisé le monde; un législateur organise un em-
pire, un industriel une fabrique; tout est harmonie,
organisation, synthèse, et chacun est conduit par

cette fatale déduction à se convaincre qu'on peut organiser le travail.

Mais le travail, c'est l'emploi du temps nécessaire à faire une chose utile, à soi et aux autres. Si les besoins sont moindres, si les échanges sont difficiles, le travail se ralentit, chacun souffre et manquerait de l'absolu nécessaire, s'il n'était dans les habitudes de la plupart de conserver quelques épargnes ou de faire quelques dettes pendant les chômages.

Comment organiser ce qui est si mobile et composé d'élémens si différents? Tout le monde travaillera-t-il à la fois et se reposera-t-il en même temps? Chacun sera-t-il occupé six, huit, dix heures tous les jours, et pourra-t-on sans cesse donner également du travail à tous les états? Mais si les ouvriers des fabriques de coton, de papier, de draps; si les ouvriers d'états, tels que serrurier, menuisier, mécanicien, travaillent toute l'année; le laboureur, le vigneron, le terrassier, ne peuvent s'occuper que quand la saison le permet; le maçon n'a de travail que pendant huit mois au plus; celui qui est employé dans les fabriques de sucre de betterave n'a d'ouvrage que de novembre à mars; l'extracteur de tourbe, que d'avril à juillet. Les cent cinquante mille ouvriers qui confectionnent les articles de Paris n'ont d'occupation que quand les commissions se préparent, c'est-à-dire pendant sept à huit mois; alors comment faire pour éviter les susceptibilités, les jalousies, les inégalités, les chômages?..... C'est un problème qu'on n'a pas résolu au Luxembourg.

Dans ce palais, qui devait être le temple de la fortune et qui n'a été que la boîte de Pandore, on a surtout agité les questions suivantes :

1° Reprise par l'Etat des fabriques en chômage, pour y associer les ouvriers avec le capital.

2° Travail en commun dans des ateliers nationaux.

3° Participation aux bénéfices.

Détruisons une à une toutes ces idées si nuisibles, si fausses, qu'elles ne supportent pas l'examen.

Assurément, si l'Etat pouvait rouvrir les fabriques fermées, tous les ouvriers auraient du travail, et les usiniers, presque tous ruinés aujourd'hui, les lui céderaient volontiers avec un tiers de perte, et même s'associeraient dans la nouvelle combinaison, pour ne pas fermer leurs fabriques que le chômage abîme. Supposons donc que l'Etat prenne ainsi une filature de lin de 4,000 broches qui a coûté douze cent mille francs, et occupe trois cents ouvriers, il faut pour cette usine au moins 400,000 fr. de fonds de roulement, car on ne peut avoir de lin qu'en le soldant d'avance; il faut ensuite faire les payes, confectionner la marchandise, l'expédier, la vendre et attendre les règlemens qui sont toujours à quatre et six mois. Ces 400,000 fr., l'usinier ruiné ne les a pas, et l'Etat ne peut les fournir, il lui en faudrait trop pour tant de fabriques fermées. Admettons encore qu'on trouve des capitalistes qui s'associent avec les trois cents ouvriers. On nomme les contre-maîtres, le directeur. L'usine produit, elle vend, et au bout de l'année fait son inventaire. Maintenant supposons un beau résultat, et établissons le compte.

On a fait 800,000 francs d'affaires, ce qui est beaucoup pour 4,000 broches, et l'association a gagné 10 p. 100, soit 80,000 francs. Mais on accordera sans doute qu'il faut prélever 5 p. 100 pour la valeur de l'usine, réduite à 800,000 francs, et pour les 400,000 francs de fonds de roulement. C'est donc 60,000 francs à déduire; le reste sera partagé entre le capital et le travail. Or, comme la main-d'œuvre d'une filature de 4,000 broches est au plus de 7,000 francs par mois, cette main-d'œuvre viendra au partage pour 84,000 francs, avec le capital de 1,200,000 francs. Le bénéfice net étant de 20,000 francs, elle aura 1/14, c'est-à-dire 1,414 fr. 15 cent., qui, répartis entre 300 ouvriers, font une moyenne de 4 fr. 70 c. par tête. —Veut-on qu'il y ait 40,000 francs de bénéfice net, ou que les ouvriers prennent la moitié des bénéfices? Soit, ce sera 9 fr. 40 c., et certes on n'espère pas aller plus loin, car il y a peu de fabricans qui, depuis deux ans, aient gagné 40,000 fr. net. Eh! combien n'ont eu que des pertes!

On voit que ces bénéfices, qui trop souvent n'existent pas, mais que nous estimons de 20 à 40,000 fr., et qui sont une espèce de prime pour l'industriel qui occupe 300 ouvriers, sont à peu près nuls quand on les partage. Mais puisque nous sommes sur cette question de l'association du travail et du capital fourni par l'État, question qui remue toute la société, qu'on croit féconde en bien, et qui ne donnerait que ruine et déception, poursuivons-la jusque dans ses dernières conséquences.

D'abord à qui accorderait-on la faveur de l'association? Est-ce à tous les travailleurs sans distinction d'état? Alors il faudra dix milliards, vingt peut être, car tous se présenteront; et qui peut estimer l'immense valeur de tous les instrumens du travail?

Fera-t-on un choix parmi les différentes professions? On criera à l'injustice, et ce seront des ligues, des collisions terribles. Mais supposons qu'on fasse d'abord un essai en grand, et qu'on associe ensemble, par état, cent menuisiers, cent serruriers, cent ébénistes; ces travailleurs ne pourront pas se choisir, ce serait trop contre les usages et surtout trop contraire à l'égalité et à la fraternité. On les associera au hasard, et il y aura, comme dans tous les ateliers, un tiers de bons, un tiers de passables et un tiers de médiocres. Les voilà donc constitués avec tous les instrumens nécessaires et un loyer relatif: ils se sont choisis un bon chef d'atelier et enfin ils fonctionnent en concurrence avec tous les états similaires.

Nous pouvons ne pas faire le compte de ce qu'ils auront gagné au bout de l'année, car les bénéfices dépendent de la gestion; mais nous pouvons les déduire par analogie avec une bonne maison de serrurerie ou de menuiserie qui occupe de quinze à vingt ouvriers par jour. Eh bien! qu'on suive tous les anciens maîtres serruriers ou menuisiers, non pas ceux qui se sont hasardés dans de fausses spéculations qui ruinent ou enrichissent, mais ceux qui sont prudemment restés dans leur état, et qu'on nous dise si les trois quarts au moins n'ont pas fait des affaires ruineuses ou médiocres, et s'il y en a un dixième seulement qui ait pu réaliser une fortune de 120,000 fr. au bout de trente années d'un travail de seize heures par jour !

Assurément c'est un beau résultat ; mais veut-on savoir ce que cet honnête travailleur a gagné l'un dans l'autre par année ? Environ 1,500 fr. ! Et c'est ce petit capital qui, placé peu à peu, lui a donné cette honorable fortune, qu'il laissera bientôt à ses enfants. Veut-on maintenant qu'il ait partagé avec ses ouvriers et leur en ait donné le quart, lui qui a couru toutes les chances, lui qui travaillait plus de quinze heures quand ils n'en travaillaient que dix ? Eh bien ! il serait revenu 1 fr. 56 c. par mois à chaque travailleur qui aurait crié bien haut qu'on le volait.

C'est cependant ce triste résultat que des hommes, qui n'ont pas la plus légère idée de l'industrie pratique, offrent aux travailleurs.

Maintenant traiterons-nous le travail en commun, la vie en commun dans des ateliers nationaux ? Ceux qu'on a établis ne sont que des essais malheureux, n'en parlons donc pas. Mais si on en fonde d'autres plus réguliers, nous ne conseillons pas à ceux qui ont donné ces avis d'y aller au bout de six mois ; ils n'en sortiraient pas.

Quant à l'égalité des salaires, cette idée rétrograde, injuste, a été tellement conspuée par les travailleurs eux-mêmes, que nous la laisscrons dans le néant.

Parlons donc de la participation générale des travailleurs dans les bénéfices, c'est-à-dire de l'association, pour tous, du capital et du travail : idée spécieuse et séduisante pour les ouvriers qui en espèrent un grand profit, mais qui, dans la pratique, serait inapplicable et ne produirait que désordre et déception.

En effet, nous avons vu que dans les usines, même en supposant un grand succès, le résultat est nul pour les travailleurs. Mais il n'y a pas que des établissemens de cent à cinq cents ouvriers, même de vingt, où tout fonctionne administrativement, où les écritures sont bien tenues et les livres à jour; il y a aussi, et c'est le plus grand nombre, des menuisiers, des fermiers, des serruriers, des marchandes de modes, des couturières, des maréchaux-ferrans, des hommes de toutes professions, de tous états, qui emploient des ouvriers pour deux, quatre, six au plus, et c'est dans ces établissemens divers qu'on peut dire qu'il y a de six à sept millions de travailleurs. Pense-t-on que les quinze seizièmes de ces producteurs ont des écritures en parties doubles et puissent établir une balance satisfaisante pour justifier de leurs bénéfices ? Allez donc dire à un fermier de la Basse-Bretagne, de la Brie ou de l'Auvergne, à une couturière de Corbeil, à un menuisier de Paris ou de Quimper, de vous montrer ses livres ! La loi veut que tout patenté ait des livres de commerce ; mais qu'on nous dise s'il y en a la dixième partie qui ait autre chose qu'un brouillard mal écrit et des notes de factures. D'ailleurs, quand même il serait possible que tous les hommes de mille professions différentes, qui tous emploient des ouvriers, aient des livres ; comment celui qui a travaillé deux mois place Maubert, quinze jours rue Saint-Honoré, cinq mois à Chartres et le reste de l'année dans d'autres pays, comment fera-t-il pour établir et vérifier son compte, afin de toucher sa part de bénéfices dans chaque atelier? Si cette mesure était praticable, comme, ainsi que nous l'avons dit, la plus grande partie des patentés élèvent difficilement leur famille et joignent à peine *les deux bouts*, il n'y aurait presque jamais aucun bénéfice, les ouvriers crieraient qu'on les vole, et ce serait une lutte continuelle. C'est du reste ce qui vient d'avoir lieu dans une administration de chemin de fer qui avait associé ses ouvriers à ses bénéfices : on leur payait leur ancienne journée; mais voyant que pendant les deux derniers mois il n'y avait pas de partage, ils ont dit qu'on les trompaient, se sont mis en grève, et des hommes qui gagnaient 4, 5 et 8 fr. par jour, ne veulent plus de l'association et demandent un franc de plus.

Ainsi cette phrase, aussi creuse que sonore de l'association du capital et du travail, est un non-sens, et c'est ailleurs qu'il faut chercher le remède.

Le remède ! Mais y en a-t-il un autre que la fixité et la force dans le gouvernement, la fin de ces passions déchaînées qui remettent tout en question et le rétablissement de l'ordre, qui seul peut ramener la confiance ?

On dit que les riches cachent leur argent. Mais est-ce qu'il y a des riches? est-ce qu'il y a de l'argent? Otez quelques centaines de gros propriétaires; tout le reste, chargé d'impôts, d'hypothèques et privé de loyers, voient leurs fortunes, médiocres d'ailleurs, réduites au nécessaire. Sans doute, ils ont encore plus que l'ouvrier; mais est-ce qu'on peut les dépouiller tout à fait? Et quand on le pourrait, on n'en serait pas plus riche; car on ne trouverait à qui vendre les biens.

Quant au capitaliste, à l'homme d'affaires, au banquier, son histoire est plus simple. Il avait deux millions et n'en devait qu'un à divers créanciers : il pouvait donc se considérer comme très heureux avec environ 50,000 livres de rentes. Mais ses 2 millions n'étaient pas en espèces, dont il conservait le moins possible pour avoir plus d'intérêts : son capital était représenté par des actions de chemin de fer, des rentes, des effets de commerce ; et voilà que tout à coup la rente baisse de moitié, ses actions deviennent nulles, et ses billets ne sont pas payés. Notre homme est donc complétement ruiné et ne peut pas même satisfaire ses créanciers, qui ne payent pas à leur tour.

On parle d'argent caché ! Mais si l'on se disait que tout le numéraire de France, qui est de 2 milliards, ne donne qu'une division de 57 fr. par habitant, on verrait que l'argent n'est qu'un appoint et que, du jour où les transactions cessent, l'argent ne circule pas. En effet, qu'un marchand qui a 200,000 fr. de draps dans son magasin n'en vende pas pour 40 à 50,000 fr. par mois ! il n'achète pas au fabricant, qui ne prend pas la laine du fermier, qui, donnant le blé à bas prix et ne vendant pas sa laine, ne paye pas son propriétaire ; alors aussi le fileur, le teinturier, l'apprêteur, le mécanicien, et tant d'autres, ne travaillent pas ; et c'est ainsi que tout s'enchaîne, et que les 50,000 fr. du marchand de draps, qui dans un mois auraient été dans dix mains et auraient représenté un mouvement de 500,000 fr., ne circulent pas et restent draps dans le magasin.

Sans doute le mal est grand et quand l'industrie est paralysée il y a une population flottante de sept à huit cent mille ouvriers qui manquent de travail. Ce sont surtout ceux des filatures, des fabriques d'étoffes, de bronze, de glaces, de meubles, d'articles de luxe. Tous ces travailleurs résident dans les communes manufacturières et surtout à Paris, à Lyon, à Rouen et dans les grandes villes, où leur agglomération est d'autant plus dangereuse dans les temps de chômage, que des théoriciens, des ambitieux les poussent au désordre, en leur posant des questions sociales insolubles et des améliorations impossibles.

Du reste, ce mal tend à diminuer tous les jours, non pas tant parce que les travaux reprennent, que parce que beaucoup d'ouvriers changent d'ouvrage, retournent dans leurs tranquilles communes et surtout s'aperçoivent que des intrigants les trompent et les exploitent au profit de leur ambition.

Remarquons aussi que s'il y a en France dix à

douze millions de travailleurs; il y en a neuf qui toute l'année peuvent travailler et travaillent. La terre, cette déesse aux puissantes mamelles, cette mère inépuisable des hommes, suffit à tous ses enfants. Si tous ne sont pas habillés de soie et n'ont pas toutes les prodigalités de la vie des villes, la plus grande partie ont une nourriture saine, une santé robuste et une vieillesse exempte d'infirmités. Sans doute il est des contrées que la nature n'a pas autant favorisées que d'autres; sans doute il vaudrait mieux que chacun travaillât peu et jouît d'une grande aisance; mais que ces philanthropes de cabinet, qui n'ont jamais été dans les chaumières et dans les ateliers, nous disent si, en ôtant à tous les riches le superflu qui vivifie l'industrie, ils pourront donner seulement 3 sous par jour (moins de 45 fr. par an) aux douze millions de travailleurs dont ils veulent améliorer le sort! S'ils pensent pouvoir le faire, nous leur dirons à notre tour que la somme annuelle serait de 537 millions par année; que dans nos quatre-vingt-trois départements il n'y a pas en moyenne, par département, deux mille personnes qui aient l'un dans l'autre 4,000 fr. de rentes bien net, et qu'il faudrait réduire à la mendicité deux cent mille familles, qui représentent quinze-cent mille têtes, pour donner trois sous par jour aux douze millions de travailleurs. Quant aux gros riches, comme il n'y a pas dans toute la France deux mille familles qui aient cinquante mille livres de rentes, on les mettrait sans pain, que le partage ne donnerait que deux centimes par jour aux ouvriers. Tous ces calculs sont exacts.

Mais, depuis bientôt trois mois, l'envie de faire de la popularité a saisi tous les esprits et à tout propos une foule de gens se posent en défenseurs du peuple. Ils veulent le bien du peuple, l'amélioration du peuple, le bonheur du peuple. Il est vrai que le peuple, le bon peuple, les véritables travailleurs, voient maintenant qu'ils sont dupes de ces ambitieux subalternes pour qui l'agitation et le désordre sont des moyens de parvenir. Mais de quel droit ces gens-là font-ils un peuple à part? Qui donc n'est pas le peuple? Qu'est-ce qu'on appelle la bourgeoisie, sinon la partie peu nombreuse du peuple qui a réussi dans ses entreprises? Qui sont ces faiseurs de phrases, sinon des fils de bourgeois et des bourgeois eux-mêmes, puisqu'ils ne sont pas ouvriers? Cessons donc de croire à toutes ces affectations de patriotisme et envisageons la partie politique de la question dans le véritable intérêt du peuple.

On parle beaucoup de révolutionnaires, de révolutions. Mais en France il n'y a rien à gagner pour le peuple à ce que beaucoup de gens appellent une révolution. Pour les agitateurs, c'est un renouvellement de la société qui les mette en tête et leur assure les places, les honneurs et l'argent. Pour le peuple, une révolution ce serait l'amélioration de son sort, qui sera toujours d'autant plus mauvais que les troubles dureront plus longtemps.

En Autriche, en Angleterre, en Prusse, en Allemagne, il y a des majorats, des biens d'Église, des priviléges, des droits féodaux : tout est à détruire, tout est à prendre au profit du vrai peuple, c'est à-dire des cinq sixièmes de la population. Mais en France tout est pris, le peuple n'a rien à gagner, et il ne reste que quelques centaines de places que les agitateurs se réservent et qu'il n'aura jamais.

Ce qui a toujours manqué en France pour contenir les pouvoirs qui se sont succédé depuis trente ans et assurer le bonheur du peuple, c'est-à-dire la fixité et la tranquillité, sources de l'industrie et du travail pour tous; c'est une bonne loi démocratique des élections. Le misérable gouvernement déchu, qui est tombé en une heure devant des gens qui allaient dîner, serait resté malgré ses mauvais instincts et son incapacité réelle, si une mauvaise loi des élections et une majorité plus mauvaise encore ne l'avaient pas poussé dans l'abîme. Que l'Assemblée nationale fasse donc bien vite une loi d'élection qui soit à peu près le suffrage universel; qu'elle proclame les articles fondamentaux d'une constitution démocratique : toutes les constitutions sont bonnes quand on les suit, et surtout que l'Assemblée nationale constitue un pouvoir fort en nommant un président, un seul, qui ne puisse rejeter ses fautes sur ses collègues; il n'y aura pas à craindre le despotisme, les despotes ne sont pas communs, mais les ambitieux pullulent. Que l'Assemblée adresse ensuite au peuple une proclamation énergique qui lui recommande de rester calme et surtout de se défier de ces agitateurs de clubs, de ces orateurs de carrefours, dont les uns dupes et les autres ambitieux entretiennent le désordre et la misère; et après ce travail, qui suffira à sa peine et à sa gloire, que l'Assemblée se retire et laisse à une chambre moins nombreuse, plus calme et plus résolue, le soin de compléter les lois organiques et de surveiller le pouvoir.

Mais, malgré nous, nous nous laissons entraîner dans des discussions purement politiques et qui ne sont pas du tout de notre ressort; assez d'autres divagueront sur cette matière; reprenons donc le cours de nos idées, et disons : que puisqu'il est démontré que l'organisation du travail qu'on a élaborée avec tant de retentissement, ne peut sortir ni de l'association, ni des ateliers nationaux, ni de l'égalité des salaires, ni de la participation à des bénéfices presque nuls; puisqu'il est reconnu que ces idées fatales, en égarant le bon sens des travailleurs, ont causé plus de mal que deux années de stérilité, cherchons un remède à un mal plus grand peut-être, au découragement qui suit la perte d'une illusion populaire.

C'est ce découragement cruel qu'il faut arrêter, car ce sont les convictions qui soutiennent les hommes. En vain on répète au travailleur qu'avec de l'économie et de la conduite il parviendra à l'aisance, à la fortune. Les masses ont trop de bon sens pour croire à ces encouragemens stériles; elles voient trop bien que s'il y a beaucoup d'appelés, il y a peu d'élus. Aussi que disent tous les ouvriers, avec une indifférence stoïque qui tire les larmes : « Après les travaux, l'hôpital ! » Eh bien! il faut que cette conviction fatale se change en espérance qui ne puisse être trompée, et que tous se disent : « Après le travail, le repos, l'aisance, le bonheur pour tous! »

Résumons enfin ces considérations trop étendues, et disons :

1° Que l'organisation du travail ne peut s'entendre que par la création de nombreux tribunaux de prud'hommes qui jugent toutes les affaires d'atelier, par la limitation du maximum des heures de la journée habituelle, par la surveillance de l'emploi des enfants dans les fabriques et surtout dans les petits établissemens, et enfin par l'inspection des ateliers, qui très souvent sont mal aérés et engendrent des maladies. Ajoutons que tout projet qui tendrait à régler les salaires, les bénéfices, jetterait une perturbation fatale qui paralyserait les travaux et serait la source de désordres continuels..... La liberté, la liberté pour tous! c'est le secret des développemens du bonheur public.

2° Que c'est à l'État à équilibrer le travail avec le nombre des travailleurs, par des commandes, des travaux publics donnés en temps utile, par de larges primes offertes à une vaste exportation, par des émigrations, des colonies bien entendues qui présentent la fortune à qui veut la tenter, et surtout par une honnêteté, une fermeté de gouvernement qui, arrêtant les mauvaises passions et les criailleries des ambitions déçues, fassent renaître cette confiance dans l'avenir qui décuple la circulation et peut seule occuper les deux millions de travailleurs industriels que l'agriculture n'emploie pas.

3° Que c'est encore à l'Etat à pourvoir à l'instruction, par des écoles gratuites dans toutes les communes de France, et à avoir soin des malades, non seulement par des hôpitaux suffisans, mais par l'établissement de maisons de convalescence où celui qui sort de l'hôpital ira passer huit ou quinze jours, bien nourri, bien soigné, pour réparer ses forces épuisées par la maladie, avant de reprendre des travaux pénibles, qu'il ne peut trop souvent supporter sans danger.

4° Enfin que les travailleurs peuvent bien fonder entre eux et par état des caisses de secours pour les temps de chômage, mais qu'ils ne peuvent prévoir l'avenir ; que les besoins du présent suffisent à leurs efforts ; que s'il leur reste quelques épargnes d'une vie laborieuse, il faut qu'ils puissent les dépenser sans crainte en plaisirs, car, comme le dit Béranger, *Dieu n'a pas en vain créé les femmes et le vin.* Qu'enfin chaque travailleur, ne pouvant amasser pour ses vieux jours, il faut prévoir pour lui, car celui qui a consacré son existence au travail, a droit d'attendre la vie tranquille et le bien-être quand ses forces trahissent sa volonté.

C'est pour arriver à ce but, c'est pour assurer

une pension de 150 à 250 fr. à chaque femme et
de 350 à 800 fr. et plus à chaque ouvrier. Pensions sûres, en dehors de toute action du gouvernement, des banquiers et de toute espèce de chance,
que nous allons développer le projet suivant, que
nous prions de lire avec attention, car il est aussi
facile à mettre à exécution qu'infaillible dans ses
résultats, et son exécution assurera le bonheur des
travailleurs, la tranquillité du pays et la prospérité
générale.

CAISSE FRATERNELLE DE PENSIONS.

CHAPITRE Ier.

Fondation de la caisse.

Art. 1er. Il sera établi une caisse générale de pensions viagères pour tous les travailleurs de France, hommes et femmes.

Art. 2. Cette caisse sera formée par une retenue à chaque travailleur, de un trentième sur chaque journée ou fraction de journée, et de un trentième ajouté par tout manufacturier, propriétaire, marchand, entrepreneur et chef d'atelier de tous états faisant travailler (1).

Art. 3. Pour que le travailleur ne supporte pas de retenue sur sa journée habituelle, il travaillera

---

(1) Cette retenue sera sans doute une charge pour ceux qui font travailler, mais quels bienfaits elle répandra sur toutes les classes, et quels gages de sécurité elle donnera au pays !

une demi-heure de plus, et c'est sur cette demi-heure que le trentième sera pris.

Pour que la retenue soit toujours entière par rapport à la journée et complétée aussi pour un trentième par celui qui fait travailler, si le travail n'est que d'une demi-journée ou de deux tiers, il sera toujours fait une demi-heure de plus.

S'il est fait des heures au-delà de la journée, la retenue sera proportionnelle au total des heures faites.

Art. 4. La journée des travailleurs qui sont à l'année et nourris, tels que charretiers de ferme, bergers, employés, garçons de magasin, domestiques, sera calculée sur trois cents jours de travail, à raison, pour les hommes, de 2 francs dans les fermes et campagnes, 2 fr. 50 c. dans les villes de vingt à cent mille âmes, et 3 francs dans les villes au-dessus; pour les femmes, à raison de 1 fr. dans les fermes et communes jusqu'à vingt mille âmes et 1 fr. 25 cent. au-dessus (1).

La retenue des cantonniers, gardes forestiers et

____

(1) Ainsi, la somme gagnée par un charretier de ferme, berger ou autre, étant supposée de 600 fr. par an pour trois cents jours de travail, supportera une cotisation de 13 fr. pour le travailleur, 13 fr. pour le propriétaire, et 13 fr. pour le fermier.

particuliers, gardes chasse, concierges, sera comptée sur le pied de 1 fr. 50 cent. pour trois cents
jours ; celle des gardes moulins, piqueurs et servans à 2 fr.; celle des gardes champêtres à 1 fr.
25 cent.

Ces retenues, calculée sur le pied de trois cents
journées de travail, seront supportées : un tiers
par le fermier, un tiers par le propriétaire, un tiers
par le travailleur. Si le fermier est en même temps
propriétaire, il supportera seul les deux tiers.

S'il s'agit d'un marchand, d'un propriétaire non
cultivateur ou d'un fabricant, la retenue sera partagée également par moitié.

Ces retenues seront payées par douzièmes, ainsi
qu'il sera dit plus bas.

Art. 5. La journée de tout travailleur employé
temporairement et nourri sera comptée sur le nombre de jours de travail à raison de 1 fr. 50 c. dans
les fermes et communes, 2 fr. dans les villes jusqu'à vingt mille âmes et 2 fr. 50 c. au-dessus;
pour les femmes, de 1 fr. et 1 f. 25 c.

Ces retenues seront supportées moitié par le
travailleur et moitié par celui qui fait travailler.

Art. 6. Tout homme qui emploiera des apprentis paiera seul; pour les garçons, 5 fr. la première
année, 10 fr. la seconde, 15 fr. la troisième et

20 fr. la quatrième, et moitié seulement pour les filles.

Les enfans travaillant dans les fabriques ne seront pas considérés comme apprentis, et la retenue sera faite comme il est dit aux art. 2 et 3.

Art. 7. Tout homme ou femme recevant les matières premières et travaillant à façon subira une retenue d'un trentième sur la façon de l'ouvrage qu'il confectionnera, et celui qui fait travailler versera le second trentième. Ces retenues seront payées chaque quinzaine ou chaque fois que l'ouvrage sera rendu; il en sera de même pour le marchandage.

Art. 8. Tous les employés d'administration du gouvernement, de toutes les entreprises particulières, hommes et femmes, des marchands, commissionnaires, etc., seront soumis au même régime. La retenue du trentième à payer par l'employé sera faite sur ses appointements mensuels, le second trentième sera payé par l'administration ou celui qui occupe les employés.

Pour ceux qui sont nourris, la nourriture sera comptée à raison de 1 fr. 50 c. par jour dans les villes au-dessous de vingt mille âmes et 2 fr. dans les villes au-dessus.

Art. 9. Comme il serait injuste que le soldat

qui est appelé par la conscription à servir la patrie fût privé de la somme annuelle qui doit former sa pension de travailleur ; comme sa solde ne peut supporter aucune retenue, l'État versera chaque année à la caisse générale 20 fr. par sous-officier ou soldat présent sous les drapeaux ou en congé temporaire.

Il en sera de même pour tout soldat ou sous-officier qui fera un second ou un troisième congé.

Aucun remplaçant ne sera admis dans les régimens s'il n'a versé d'une seule fois 140 fr. pour les sept années de service qu'il a à faire comme remplaçant.

Art. 10. Tout homme ou femme non compris dans les catégories ci-dessus, rentier, négociant, propriétaire, artiste ou écrivain, qui voudra participer aux bénéfices de la caisse fraternelle versera chaque quinzaine ou chaque mois la somme qui lui conviendra.

---

(1) Supposons qu'on s'aperçoive enfin qu'une armée qui coûte plus d'un million par jour ruine l'État, et qu'on la réduise à 200 mille hommes ; avec une bonne organisation de la réserve, les 20 fr. par soldat coûteront quatre millirns par an.

CHAPITRE II.

Livrets et contrôles.

Art. 1er. Chaque travailleur de toute classe, compris dans les articles ci-dessus, aura un livret détaillé sur lequel seront inscrits chaque semaine, quinzaine ou mois, le nombre des journées pendant lesquelles il aura travaillé, le prix de la journée, le nombre d'heures faites, le montant des retenues qui sont à sa charge, à la charge de celui qui fait travailler, et le total.

Art. 2. Ces livrets seront divisés par lettres, séries, et numéros; ils contiendront les noms et prénoms, dates et lieux de naissance; ils seront foliotés et visés par le maire président et un membre délégué du conseil cantonal de la caisse fraternelle, formé ainsi qu'il sera dit plus bas.

Ce livret, solide et couvert en parchemin, sera du prix de 15 cent., payés par le travailleurs.

Art. 3. Chaque manufacturier, propriétaire, fermier, marchand, administrateur, chef d'atelier ou toute personne faisant travailler à la journée ou autrement, même une fois, sera tenu d'avoir un

régistre qui lui sera fourni par le conseil cantonal, signé comme les livrets et par le percepteur
des contributions, et sur le quel seront inscrits les
noms et professions des travailleurs; les lettre,
série et numéro des livrets; les dates, nombre et
prix de journées; les trentièmes retenus et ajoutés,
et le total en toutes lettres.

Ces registres, de diverses grosseurs selon les
besoins, seront payés à raison de 50 cent. pour un
quart de main, 75 cent. pour une demi-main et
1 fr. 25 cent. pour une main.

Art. 4. Les livrets et registres seront signés à
chaque paie par celui qui travaille et celui qui
fait travailler ; s'ils ne savent pas signer, ils feront
une croix et prendront un témoin dont le nom
sera mentionné et qui signera.

Art. 5. Chaque semaine, quinzaine ou mois, selon les époques des paies, un jour non férié, le
percepteur se rendra dans chaque atelier, bouti-
que, magasin, ferme ou propriété, pour toucher
le montant des retenues. Il signera la somme re-
çue sur le registre de celui qui fait travailler et
mentionnera ses recettes nominativement, avec
lettre, série et numéro de chaque livret, sur un
registre spécial visé par un membre du conseil
cantonal de la caisse.

Il n'aura droit pour ce travail qu'au quart des allocations qu'il perçoit sur les contributions.

Art. 6. Dans les villes où il y a beaucoup d'ateliers, le conseil d'arrondissement pourra, sur la demande du président du conseil cantonal, allouer au percepteur un aide commissionné et payé à ses frais.

Art. 7. Toute personne autre que les cultivateurs ou patentés qui [ferait travailler devra payer directement le percepteur.

Art. 8. Tout oubli étant un tort grave fait à la caisse fraternelle, toute personne faisant travailler qui négligerait d'avoir un registre et d'inscrire exactement, tant sur ce registre que sur le livret, les séries, numéros, noms, et retenues, sera passible, au profit de la caisse, d'une amende de 10 à 25 fr. la première fois et de 40 à 80 fr. la seconde.

Art. 9. Tout oubli volontaire, omission ou altération des sommes reçues, soit qu'il vienne des deux parties, soit qu'il vienne de celui qui fait travailler seulement, sera puni comme vol et passible en outre d'une amende de 50 à 500 fr. au profit de la caisse.

CHAPITRE III.

Administration.

Art. 1ᵉʳ. Dans chaque commune, il y aura un conseil de la caisse fraternelle composé du maire, président, de deux conseillers municipaux, de deux patentés ou cultivateurs, et de deux travailleurs, tous désignés par le conseil cantonal.

S'il y a un notaire ou un percepteur dans les communes qui ne sont pas chefs-lieux de canton, ils feront de droit partie du conseil.

Art. 2. Dans chaque chef-lieu de canton, le conseil sera composé du maire président ; du percepteur, d'un notaire, de deux patentés ou fermiers, de deux conseillers municipaux et de deux travailleurs, tous choisis par le conseil d'arrondissement.

Art. 3. Dans chaque chef-lieu d'arrondissement, le conseil sera composé comme ci-dessus, et les différents membres seront choisis par le conseil supérieur du département.

Art. 4. Dans chaque chef-lieu de département, il y aura un conseil supérieur composé du maire, du receveur général des finances, de deux notaires, de deux avoués, de trois usiniers ou négocians et de trois ouvriers, tous choisis par le conseil général du département. Ce conseil supérieur nommera chaque année son président.

Chaque conseil nommera un secrétaire.

Toutes ces fonctions seront entièrement gratuites.

Art. 5. Les conseils communaux et cantonaux s'assembleront au moins une fois par mois; ils nommeront des délégués pris dans leur sein pour vérifier les registres des percepteurs et de ceux qui font travailler.

Chaque fois ils feront un rapport au conseil d'arrondissement.

Art. 6. Le conseil supérieur du département centralisera toutes les opérations et tous les contrôles; il correspondra avec l'administration générale à Paris; il désignera dans chaque arrondissement, pour la surveillance des placements, un conseil du contentieux composé de deux notaires et de deux avoués : ce conseil sera présidé par le président du tribunal civil de l'arrondissement.

Art. 7. Les conseils d'arrondissement et de département choisiront un ou plusieurs employés, selon la nécessité, pour tenir toutes les écritures.

Les appointemens de ces employés et tous les frais de bureaux seront réglés par l'administration de Paris.

Art. 8. Il y aura à Paris une administration générale composée de quinze membres, pris, douze parmi les négociants, manufacturiers, etc., et trois parmi les ouvriers, et tous nommés par le tribunal de commerce du département de la Seine, réuni au conseil général des manufactures.

Ce conseil général d'administration nommera chaque année son président.

Toutes ces fonctions seront gratuites.

Il administrera la caisse fraternelle d'après les conditions fondamentales posées plus bas ; il nommera un directeur, composera les bureaux et fixera les appointemens et les dépenses.

Art. 9. La situation de la caisse fraternelle sera publiée tous les mois.

Art. 10. La cour des comptes contrôlera chaque année la comptabilité et le bilan.

CHAPITRE IV.

Recettes et placemens.

Art. 1er. Les recettes faites par les percepteurs seront versées, comme les contributions, chez les receveurs d'arrondissemens et de là chez le receveur-général, ou dans les caisses des consignations, selon les indications de l'administration générale.

Il ne sera alloué à ces différents comptables que le quart des remises qu'ils touchent sur les perceptions.

Art. 2. Ces fonds étant un argent sacré, mis sous la sauvegarde de la bonne foi publique, ne pourront jamais être détournés de la destination que lui donneront l'administration générale de Paris et les conseils de département qui prendront expressément pour bases les conditions suivantes.

Art. 3. La caisse fraternelle ne devant courir aucun risque, tous les placements seront pypothécaires et aux termes les plus commodes pour les emprunteurs, mais pas au-delà de vingt ans, sauf les exceptions posées aux articles 7 et 8 suivans.

Art. 4. La caisse fraternelle aura la priorité pour

tous les emprunts hypothécaires, sans exception.

Aucun notaire ne pourra faire d'acte étranger, aucun conservateur ne pourra en enregistrer, sans avoir à l'appui un certificat qui atteste que la caisse fraternelle n'a pas pu faire ledit prêt (1).

Art. 5. Le taux de l'intérêt sera de 4 à 5 pour 100, payable tous les six mois entre les mains du percepteur.

Les frais d'actes et honoraires, à la charge de l'emprunteur, ne seront que de moitié des allocations ordinaires.

Art. 6. Les notaires qui feront les placemens seront responsables de la valeur des hypothèques. Aucun prêt au-dessus de 10,000 francs ne pourra être fait sans avoir été soumis à la chambre des notaires de l'arrondissement, qui devra répondre dans le délai de cinq jours au plus.

Art. 7. Les prêts aux administrations de chemins de fer, à l'État, aux communes, ou départemens, ou travaux publics, ressortiront de l'administration générale de Paris.

Ils ne pourront être que par hypothèque ou d'après délibération des conseils municipaux et

---

(1) Il est facile de voir que, par ce moyen, une grande partie de l'argent refluera vers l'industrie; car la Caisse fraternelle aura bien plus qu'il ne faudra pour tous les besoins par hypothèque.

généraux pour les travaux de communes ou de départemens, avec affectation spéciale sur les centimes additionnels.

Art. 8. Comme malgré l'écoulement immense que demanderont les besoins ci-dessus, tous les fonds ne seront pas employés, l'administration générale pourra demander au gouvernement l'autorisation d'établir une banque à l'instar de la banque de France, ou d'opérer le remboursement des rentes au pair.

CHAPITRE V.

Liquidation des pensions.

Art. 1er. Après trente années de travail, à partir de la fin de l'apprentissage ou de l'âge de dix-huit ans pour les hommes et seize ans pour les filles, ou à soixante ans d'âge, chaque travailleur aura le droit de faire liquider sa pension, qui sera en raison des retenues portées à son crédit.

Les retenues des enfants travaillant dans les fabriques et les sommes payées par ceux qui ont des apprentis s'ajouteront au livret; mais les trente ans de travail ne partiront que de l'âge de dix-huit ans pour les garçons et de seize ans pour les filles (1).

Tout travailleur qui voudra continuer après

---

(1) Un ouvrier gagnant deux francs par jour, et supposé avoir travaillé deux cent soixante jours par an, l'un dans l'autre, aura au bout de trente ans, par les intérêts composés et les extinctions, une représentation de capital d'environ 5,000 fr., qui, de 7 à 8 p. 100 suivant l'âge, lui donneront de 350 à 400 fr. de pension.

S'il a travaillé plus et gagné 4 et 5 fr. par jour, il aura le double et même le triple.

trente années sera libre, et sa pension augmentera d'autant; mais il ne pourra passer soixante ans d'âge.

Art. 2. Si le travailleur vient à décéder après avoir fait liquider sa pension, le quart appartiendra en viager à sa veuve, ou s'il est veuf lui-même, à ses enfants jusqu'à ce qu'ils aient dix-huit ans pour les garçons et seize ans pour les filles.

Art. 3. La pension sera liquidée sur la remise du livret et payable dans l'endroit où se trouvera le travailleur; elle le suivra partout.

Art. 4. Chaque travailleur devra bien retenir la lettre de son livret, le numéro de la série et le numéro d'ordre, afin que s'il le perdait on pût le rétablir (1).

Art. 5. Si avant l'âge ou le temps de service un ouvrier cessait tout travail quoique pouvant travailler, il devrait attendre les trente années pour faire liquider sa pension, qui ne serait que relative à son fonds de retenue.

Art. 6. S'il était dans l'impossibilité de jamais reprendre le travail, par maladie bien constatée, ou perte d'un membre, sa pension serait liquidée

---

(1) S'il oubliait ces indications, la dernière maison où il a travaillé les lui donnerait.

du jour de la constatation et suivant ses retenues, sauf un complément par la caisse de secours qui pourra être établie.

Art. 7. Il sera donné un brevet à chaque pensionné. La pension sera payable par douzième chez le percepteur de la commune où se trouvera le pensionné et sur la présentation d'un certificat de vie délivré gratis par les notaires, ou dans les mairies (1).

---

(1) Il arrivera certainement un temps où une famille de travailleurs, composée de quatre personnes, jouira de quatre pensions, dont le total ira de 1,500 à 1,800 fr.

CHAPITRE VI.

Mesures transitoires.

Art. 1er. Les travailleurs âgés de trente-cinq à cinquante ans ne pouvant maintenant travailler trente années pour avoir droit à la pension, il sera dérogé aux clauses ci-dessus de la manière suivante :

Art. 2. Les travailleurs âgés de plus de trente ans maintenant pourront faire liquider leurs pensions quand ils auront l'âge de soixante ans révolus, quelles que soient le nombre d'années de travail.

Art. 3. Si d'après les retenues, surtout pour ceux qui ont déjà passé quarante ans, la pension n'allait pas à 100 fr. pour les femmes et 200 fr. pour les hommes, elle serait complétée à ce taux, ainsi qu'il sera dit à l'article suivant.

Art. 4. Sur environ 12 millions de travailleurs, on peut compter, d'après les statistiques, un vingtième ayant passé l'âge de soixante ans et ne pouvant plus travailler. Comme il ne faut pas que ces pères des ouvriers restent dans la misère quand la certitude d'une vieillesse aisée est acquise à leurs enfants, comme il est religieux et juste que les enfants soutiennent la vieillesse de leur père, il sera, chaque année, fait à ceux qui ont plus de soixante ans, une pension de 100 francs pour les femmes et de 200 francs pour les hommes.

Art. 5. Ces pensions ne seront accordées que sur des certificats délivrés par les conseils communaux, et contrôlés par les conseils cantonaux et d'arrondissement attestant, 1° que l'ouvrier est incapable de gagner sa vie, 2° qu'il n'a pas de moyens d'existence.

Art. 6. Comme ces pensions faites à environ 250,000 femmes et 350,000 hommes iront de 90 à 100 millions par année, et comme ainsi qu'il sera dit plus bas, l'Etat héritera des extinctions, il participera pour moitié dans le paiement annuel.

CHAPITRE VII.

Extinction des pensions.

Art. 1er. A l'extinction de chaque pension via-
gère, le capital, à raison de 7 p. 100, sera remis à
l'État dans l'année de la mort du titulaire, sauf le
quart à payer aux enfans jusqu'à l'âge de seize et
dix-huit ans, ou à la veuve si elle n'a pas encore
sa pension, ou à compléter cette pension à 200 fr.
si elle n'atteint pas ce chiffre.

Art. 2. Ce capital immense, qui n'ira pas à
moins de 3 à 400 millions par année dans quarante ou cinquante ans et rentrera à l'État, servira
alors à faire disparaître tous les impôts qui frap-
pent la classe ouvrière, à augmenter les primes
d'exportation pour favoriser le travail et à fonder de
grands établissemens dans l'intérêt des travailleurs.

———

La lecture de ce projet doit prouver, ainsi que
nous l'avons dit, qu'il est aussi facile à mettre
à exécution qu'infaillible dans ses résultats.
Tout le monde y verra un gage de sécurité pour

l'avenir : celui qui travaille dans la certitude d'une vie tranquille sur ses vieux jours , et celui qui fait travailler, le marchand, le fabricant, le propriétaire, dans l'assurance que la tranquillité ne sera jamais troublée, puisque tout le monde possédant aura intérêt à la maintenir.

La portée de cette vaste combinaison est sans bornes, car la retenue étant supposée de 30 fr. seulement en moyenne sur 12 millions de travailleurs, hommes et femmes, le montant annuel sera de 360 millions, qui trouveront toujours leur emploi : 1° dans un bon système d'hypothèque fait à long terme et conséquemment avantageux pour l'emprunteur ; 2° dans les travaux publics que font faire les villes et les départemens ; 3° dans la fondation d'une banque générale ; 4° dans le remboursement de la rente.

Celui qui voudra faire le moindre calcul de ces fonds capitalisés jusqu'à ce que les premières pensions soient exigibles, c'est-à-dire pendant 25 ou 30 ans, reconnaîtra qu'ils suffiront à tout et forceront les capitaux à refluer vers l'agriculture, l'industrie et le commerce.

Nous n'insisterons pas davange. Chacun a dû voir que cette grande institution, mise en pratique non-seulement en France, mais dans toute l'Eu-

rope, éteindra à jamais le prolétariat et le paupé-
risme, ces plaies dévorantes de toutes les sociétés,
et fera pour tous les hommes une vérité, non pas
symbolique, mais réelle de cette grande devise :

LIBERTÉ, ÉGALITÉ, FRATERNITÉ.

61

www.ingramcontent.com/pod-product-compliance
Ingram Content Group UK Ltd.
Pitfield, Milton Keynes, MK11 3LW, UK
UKHW020047100726
13658UKWH00004B/1605